AF313371

AUX JUGES DE QUÉNISSET

ET

A MONSIEUR GUIZOT;

PAR

CORRADI COLLIÈRE,

Membre de la Société du Sauvetage.

PRIX : **25** CENTIMES.

Au profit de la famille Boyer, qui voulait une maison royale
d'invalides industriels dans chaque département.

PARIS,

CHEZ TOUS LES LIBRAIRES DU PALAIS-ROYAL.

Décembre 1841.

POUR LA

DEMANDE EN GRACE

DES CONSPIRATEURS

(UN SEUL EXCEPTÉ),

PAR

LES JUGES, LES PUBLICISTES

ET LES FILS DU ROI.

1841

Paris. — Imprimerie de Paul Dupont et Comp.

AUX JUGES DE QUÉNISSET.

———

Batignoles, le 10 octobre 1841.

Avant d'envoyer Quénisset devant le Juge des juges, vous cherchez à découvrir ses complices. Vous apprendrez avec une amère douleur la haute origine de celui qui les a tous excités à l'assassinat des princes. Il est signalé à M. le ministre Guizot dans la lettre ci-jointe, qui lui a été écrite la veille de Quénisset. Il faut que la session législative s'ouvre, pour que l'exécrable instigateur soit mis en accusation et en jugement. Vous demanderez, vous implorerez vous-mêmes la grace de Quénisset, s'il vous dénonce aussi le grand coupable qui l'a entraîné, et ses devanciers, à jurer la destruction des Bourbons, jusqu'au dernier de leur race; parce qu'on n'a pas cherché à faire comprendre aux hommes des masses que cette race est le lien unique aujourd'hui de notre société. Les défenseurs des deux branches, avec infiniment d'esprit et un immense talent d'érudition, de style, de logique et de moraralité conservatrice, ne conserveront rien, si, se

1

contentant d'avoir la raison pour eux dans les boudoirs et les salons, ils ne cherchent pas le moyen de la faire descendre dans la rue ; car la vérité, pour être la fille du ciel et non une égoïste, doit s'offrir à tous les yeux d'une manière aussi égale que le père du jour, dont les rayons partent d'un même centre pour être la lumière qui éclaire le monde. Imbus de ce religieux principe social et d'humanité, qu'il vaut mieux chercher à prévenir qu'à punir, les défenseurs trouveront enfin le moyen de procurer une éducation constitutionnelle égale pour tous, par la presse quotidienne, plus énergique et moins entravée, à une condition conservatrice. Car, que restera-t-il debout avec le vice légal de la presse ? Pourrait-on calculer le nombre de ses victimes depuis 89 ? Quelle est la bonne réputation de la veille qui n'ait été détruite le lendemain ? Ce ne sont pas les journalistes, mais le vice légal de la presse qui a épuisé tous les modes de gouvernement : la monarchie, la république et l'empire. Plus la presse a produit de mauvais résultats, avec ces systèmes exclusifs dont chacun se dit centre quand il n'est que rayon, plus elle rendra d'éminens services, lorsque son vice légal sera détruit. C'est ainsi que devra être compris ce dernier avertissement de la Providence, pour ne pas mériter d'entendre dire de nous-mêmes que « le « pire des malheurs est de mériter son malheur. »

Vos éclatans services pour la patrie vous ont fait législateurs et juges des crimes que vos lois n'ont pu prévenir. Votre sagesse vous fera mieux comprendre qu'à personne que, dans la plus haute mission où l'homme puisse être appelé sur la terre, il ne doit être animé que de cet esprit de justice et de vérité qui lui ferait avouer hautement l'imperfection de sa loi, s'il reconnaissait qu'elle est cause elle-même des effets mortels dénoncés à son tribunal suprême.

Je suis avec le plus profond respect,

Messieurs les Pairs et honorés Juges,

Votre très humble et très obéissant serviteur,

CORRADI COLLIÈRE, de Bonifacio.

———

CONCLUSION

DU JOURNAL DES ***DÉBATS***, DU 12 DÉCEMBRE 1841.

———

« Notre société est bien faible contre les indépen-
« dances que nous avons constituées. Il est bien fâ-
« cheux que les avertissemens (relativement aux
« attentats) nous viennent des choses que nous au-
« rions dû et n'avons pas voulu prévoir, par vice
« d'insouciance. » C'est là tout mon écrit.

———

AVERTISSEMENT.

Oui, c'est un avertissement ; et je l'explique : Vous ressouvenez-vous qu'après les trois glorieuses journées, on était parvenu à faire accroire à nombre d'honnêtes gens fort éclairés qu'on avait vu des moutons dans la lune ? Et ces honnêtes gens ne pouvaient s'empêcher de rire eux-mêmes de ce qu'il y eût partout de cette bonne race. Enfin, c'était une des cent mille mystifications du vice légal des journaux. Il faut donc, pour éviter toute ressemblance avec cet infernal vice légal, s'empresser d'*avertir* que si, à la lecture de la lettre aux juges de Quénisset, on n'avait pas reconnu le grand instigateur, de la plus noble origine, qui empêchera la France de redevenir l'avant-garde de la civilisation du monde, on doit passer une trentaine de pages, pour lire de suite le chapitre intitulé : *Mes derniers mots*, où est écrit le nom de cet instigateur.

Ma lettre à M. Guizot et la note préliminaire sont le fruit de mes observations depuis 89. Il m'a été impossible de les réduire à une plus courte analyse. J'en donne la raison : je ne suis point un écrivain. Si l'on demandait pourquoi j'ai écrit à M. Guizot préférablement à tout autre ministre, je répondrais :

C'est que j'ai eu la même pensée que lui pour aller à Gand indiquer une bonne chose à Louis XVIII, s'il remontait sur son trône : c'était « *la faculté de donner désormais d'excellent pain mi-blanc à l'armée, comme celui des invalides, sans qu'il en coutât au trésor un denier de plus que par le passé,* » grace aux précieux documens fournis par un homme qui, par ses veilles laborieuses, n'a pour ainsi dire fait de toute sa vie, pendant quarante ans, qu'un seul jour et une seule nuit.

Louis XVIII était, dit-on, un peu entêté. Aura-t-il voulu suivre les conseils politiques de M. Guizot? Et, d'ailleurs, aucun bien était-il possible, sous l'empire du vice légal de la presse quotidienne? J'avais réuni tous les fonds nécessaires pour me rendre où s'est rendu M. Guizot ; mais je n'ai pas eu le même courage que lui. J'ai craint qu'on ne me demandât à la frontière où j'allais. Que si donc j'ai l'honneur d'être accablé de malédictions, comme M. Guizot, par le vice légal de la presse, j'aurai du moins pour approbateurs les fils des prolétaires ; car j'ai dit que c'était afin qu'ils eussent désormais du pain blanc, chose qui serait encore si facile aujourd'hui, ainsi que je l'ai écrit d'Espagne, en 1832, à son Altesse Royale le duc d'Orléans, sous le couvert de mes anciens amis le général Jacqueminot et de Gérente, employé dans la maison du Roi. Mais je ne cesserai de le répéter : « Aucun bien n'est possible sous l'infâme. »

NOTE PRÉLIMINAIRE.

———

C'était un dimanche : la veille de Quénisset ; j'écrivais à M. Guizot la lettre dénonciatrice qui fait le fond de cet opuscule. Un quart d'heure après qu'elle fut terminée, j'entrais dans un salon où, prenant à part madame la baronne de La Châtre, je lui en donnai lecture, en attendant qu'on servît le dîner. Cette dame a donc été d'autant plus émue de l'attentat du lendemain. Aussi, chaque fois que j'ai l'honneur de la revoir, me parle-t-elle de cette fameuse lettre, qui, au surplus, n'a pas été envoyée à M. Guizot. J'étais incertain si je la ferais mettre sous presse ; je restais toujours dans la même hésitation pour une publication qui devait me faire des ennemis et pas un ami. Fort de ma conscience, ce n'est pas cette crainte qui m'a arrêté, mais le malheur de n'être pas écrivain, et l'impossibilité d'en trouver un qui aurait consenti à me seconder dans ma rédaction, pour un semblable sujet. Cependant, à présent, tout amour-propre doit être mis de côté. Une plus

longue hésitation serait non seulement de l'inci-
visme, mais même de l'impiété. Je viens de sentir
l'odeur de la mort dans le saut qu'elle a fait par-
dessus ma tête, en frappant hier ma sœur aînée, et
aujourd'hui le vieux frère qui était venu au monde
une année après moi. Pourquoi ai-je été épargné?
Pourquoi ces quelques jours de grace? Est-ce pour
me donner le temps d'acquitter ma dette envers la
grande famille, par le moyen qui m'a été inspiré?

Que l'on prenne garde! une inspiration n'est
point du talent; celui-ci ne s'acquiert qu'à force de
travail et de veilles. C'est ainsi que les publicistes
sont parvenus à se faire admirer, surtout dans la
polémique des journaux, malgré leur vice légal.

Les inspirations sont à ceux qui, sans le moindre
talent, désirent cependant sincèrement le bonheur
de leurs semblables, et le disputeraient, sous ce rapport, aux plus haut placés dans les sociétés, par
l'effet du vice légal de la presse.

Que mes amis sachent donc bien que je sais que
je ne sais rien ; que, si je me vantais de la moindre
des choses, je serais un être vaniteux, indigne de leur
amitié. Je le répète : cet opuscule ne me fera pas
un ami ; mais ceux que j'ai me resteront fidèles, ils
me l'ont dit, si je leur tiens la promesse qu'il sera
mon testament politique, de même que ma lettre
d'il y a trois mois, *aux Conseils généraux des départemens,* a été mon *ultimatum* économique. Oui, j'ai

la consolante pensée que je conserverai mes amis, si je leur jure que je ne me crois d'autre mérite que de croire de toutes mes forces à une puissance au dessus des hommes, et à deux inspirations, l'une *contre le vice légal des journaux*, l'autre *pour la richesse réelle des nations, conformément aux dons que la nature leur a répartis;* c'est-à-dire que « l'agri- « culture serait élevée au rang de puissance indus- « trielle et commerciale, et maintenue ainsi à la tête « de toutes les richesses nationales. » Ces lignes guillemetées sont l'objet d'une question et d'un prix proposés par la Société d'Agriculture du département de la Marne, pour 1842.

Je m'étais rencontré avec le vœu patriotique de cette Société; et c'est dans l'intérêt de la solution proposée, que mes camarades m'ont vu envoyer, l'année dernière, au Président de la Chambre des Députés, 450 exemplaires de ma lettre contre la réduction et la conversion forcées des 5 francs de rentes, où le vice légal poussait avec tant d'acharnement, malgré le discrédit dont seraient frappées à jamais toutes nos lois de finances.

C'est encore dans le même but que j'ai envoyé, sur la fin de la dernière session, à la Chambre des Pairs, 300 exemplaires de mon opuscule intitulé : *Pour la Richesse réelle, garantissant le grand-livre,* etc. Il y est dit que *c'est la solution qui intéresse le plus le pays, après celle de la presse quotidienne*

de laquelle dépendent les autres pouvoirs, nos liber-
tés et le crédit des bonnes inspirations. L'opuscule
finit par ces mots du *Courrier Français :* « Le monde
« s'agite, mais c'est Dieu qui le mène. » Ainsi le
démon de l'orgueil voudrait que les sociétés s'en
prissent à Dieu, quand elles ne sont malheureuses
que par leur propre faute. Nous croyons, nous,
que Dieu, en donnant à l'homme la liberté du
bien et du mal, pour qu'il eût du mérite à faire
l'un et à ne pas faire l'autre, a renfermé aussi
dans le grand livre de la nature toutes les améliora-
tions de l'humanité, formant les anneaux de la chaîne
de vérités qui unit les cieux à la terre. Non, rien
n'est à inventer : tout est à découvrir ; et s'il y a des
crimes, nous devons tous dire, depuis le premier
jusqu'au dernier, que c'est le défaut d'une bonne
organisation sociale définie par les lois. Il ne
suffit pas de dire qu'il y a à faire : il faut faire, et
surtout ne pas choisir toujours les modes les plus
ruineux pour les dépenses publiques, pourvu qu'ils
favorisent certaines personnes.

« C'est aux gens de bien (dit aujourd'hui le pro-
« cureur-général près la cour royale d'Angers) à
« venir en aide aux hommes qui se dévouent pour
« la défense des intérêts généraux de la société.
« (Vrai parler d'ange.) Rallier au faisceau social les
« convictions et les sympathies, c'est là qu'il faut
« tendre ; c'est là l'œuvre du jour, l'œuvre du salut,
« Messieurs, à laquelle chacun de nous, magistrat
« ou citoyen, doit son contingent de labeur et d'in-

« fluence, et que je considère comme le premier de-
« voir de l'homme d'état. »

Qu'ils se jugent tous ceux qui ont un si beau langage de vérité, qui doivent toutes leurs jouissances
aux sociétés où ils sont jetés, et qui, ayant la puissance de faire le bien, n'ont pour elle que des phra-
ses. Où est l'acte autre part que dans la punition?
Que font-ils pour éclairer les masses, dont le perver-
tissement, par le vice légal des journaux, fera rayer
la France du nombre des nations? Car elles se coa-
lisent dans l'ombre ou à la face du soleil ; elles ont
juré une guerre à mort à tous les pouvoirs qui se
succèderont. Nul doute qu'avec une force armée
bien organisée, on ne puisse détruire les masses, ici
aujourd'hui, demain autre part, surtout quand il y
aura des chemins de fer. Mais si vous ne craignez
pas de voir rentrer dans le fourreau les épées fran-
çaises, honteuses d'une pareille guerre contre des
hommes que vous vous obstinez à laisser s'abrutir
dans le mensonge ; si vous ne craignez pas que ces
mêmes épées ..... (je n'achève pas ma pensée),
ignoreriez-vous que les masses sont au revenu de
l'État ce que l'air est à la vie de l'homme, et que,
de destruction en destruction, où les autres seront
toujours plus acharnés, il nous faudra tous périr
d'inanition dans le meilleur pays de la terre, où vous
aviez si facilement toutes les plus douces jouissances
de la vie? «L'apathie du parti constitutionnel ou conser-
« vateur tient-elle uniquement à l'égoïsme, à la corrup-
« tion de ses membres? » C'est la *Presse*, du 16 novem-

bre, le meilleur journal des conservateurs, qui a dit cela. Ainsi, vous vous condamnez vous-mêmes ; vous ne faites rien pour sauver les masses d'elles-mêmes, et la société avec elles. On doit savoir gré à ce journal de ses efforts, de ses profonds raisonnemens qui confondent ceux de ses adversaires, et du moyen qu'il indique dans le même article. Mais il n'aboutirait à rien : il n'est plus temps pour ce moyen-là ; il y en a un plus libéral et conservateur en même temps. Non, vous n'êtes point des égoïstes ni des corrompus ; mais que quelqu'un dise véritablement ce que vous êtes, je l'en défie. C'est moins pour l'homme privé que pour l'homme public, législateur, magistrat, administrateur, et pour les missionnaires politiques du pouvoir et du peuple, qu'a été prononcée cette terrible sentence, « que si la reconnais-« sance est un don du ciel, l'ingratitude est un « présent de l'enfer. »

A M. LE MINISTRE GUIZOT.

Batignoles, le 12 septembre 1841.

1. En venant vous soumettre de nouveau la question de la liberté des journalistes, à une condition conservatrice de la société, je me sens obligé, par tout ce qui est survenu depuis ma proposition de 1833, de constater une chose secondaire, mais dont je désire que vous soyez pénétré avant tout.

2. C'est que, dans l'état de division des esprits en France, si des Corses, au risque de lui attirer une troisième invasion, à la suite d'une guerre civile, emploient tous les moyens de renverser le trône des Bourbons, il sera prouvé qu'il est aussi des Corses qui veulent son affermissement, par la recherche et l'indication du moyen de former une conscience nationale, sans laquelle aucun bien ne sera possible pour personne.

3. Me rangeant au nombre de ces derniers enfans adoptifs de la France, j'entre en matière, avec toute liberté d'esprit, sur la question où il s'agit pour cette généreuse France d'être ou de n'être pas.

4. En cherchant à connaître les effets par leurs causes et leurs principes, je me suis convaincu du pourquoi des attentats, du pourquoi des émeutes ; et marchant ainsi du connu à l'inconnu, il paraîtra moins étonnant que moi, citoyen obscur, j'aie résolu le problème en instance depuis 89.

5. Quiconque eût eu le temps de chercher, comme moi, la source du mal, l'aurait aperçue de même ; car il suffira de dire où elle est pour que tout le monde la voie aussitôt.

6. N'est-il pas vrai que les journaux défenseurs ne sont point lus par les masses, y compris la plupart des jurés, et que les moins instruits sont les plus impressionnables au mépris que l'opposition ne cesse de déverser sur le pouvoir, pour le faire tomber et s'en emparer; enfin, que rien n'est plus naturel?

7. Nier cet état normal que nous a fait 89, ce serait nier la lumière. Nous y sommes condamnés jusqu'à notre dernier jour. Mais celui-ci pourra être demain, comme dans les siècles les plus reculés, suivant que nous voudrons ou ne voudrons pas chercher le remède dans le mal même.

8. Un des plus grands penseurs de nos jours a donné la solution de la question en trois mots : *Tout est dans tout.*

9. Au moment de la discussion de la loi du 25 mars 1822 sur les journaux, je fis distribuer aux Députés des observations qui avaient principalement

pour objet la société. Ils ne les appliquèrent qu'à leur personne, aux individus, en ajoutant au projet du gouvernement ce qui forme l'art. 11 de la loi.

10. Je le répète : je n'ai cessé de chercher. Je me suis même incarné la peste morale, à l'instar des masses. J'en ai ressenti les atteintes, et je crois avoir trouvé le remède, parce que je l'ai cherché de toutes les puissances de mon ame. Mais cette découverte suffit-elle par le temps qui court? c'est ce que nous allons voir.

11. Avant l'apparition de Fieschi, j'ai proposé de démontrer l'un des moyens de *défanatiser*, par les journaux mêmes, ceux que leur vice légal avait déjà fanatisés au point de s'écrier bientôt : *Arrière, Louvel !* sans se douter, les malheureux, que, s'ils réussissaient dans leurs projets homicides, la France elle-même deviendrait une question.

12. C'est ce qu'expriment les 3ᵉ et 4ᵉ alinéas de ma proposition ci-jointe de 1833, intitulée : *A Messieurs les Ministres réunis en conseil*, et qui fût distribuée, le jour de sa date authentique, à leurs hôtels et au château des Tuileries.

13. Quelques lignes qui vont suivre vous feront croire qu'il s'agit ici de mon intérêt personnel. Méfiez-vous de cette pensée, qui vous ferait rejeter à l'instant même la présente lettre.

14. Voici ce que j'ajoutais dans la proposition ci-jointe d'une seule page, pour qu'elle fût lue: Si

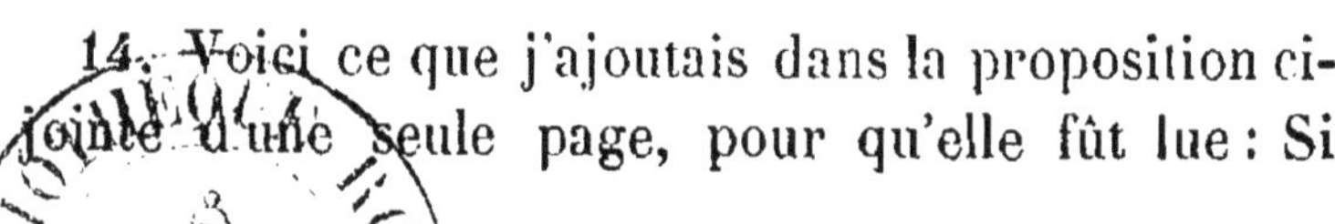

le moyen, que j'offre de démontrer de vive voix, est jugé admissible par le ministre qui daignera m'entendre, je serai nommé de nouveau receveur général des finances, à l'occasion de la recette qui est vacante.

15. Mais, dans le fond de mon ame, l'emploi que j'avais déjà occupé à l'armée, je le foulais aux pieds, comme trop au-dessous de la plus importante solution pour la France, et où avaient échoué tous les hommes de mérite depuis 89.

16. L'insolite publicité de la demande et sa teneur attestaient suffisamment le mépris de l'emploi et ma profonde conviction de l'utilité de ma proposition.

17. La meilleure raison pour que je fusse entendu, c'est que les journaux disaient, avec vérité, que l'emploi était convoité par le gendre d'un ministre. Il fallait donc qu'on m'entendît : la pudeur l'exigeait.

18. Les hésitations, les causeries avec le secrétaire général d'un ministère, ont duré juste 36 jours. Il m'avait prié de me rendre à son cabinet, où il m'apprit qu'un ministre m'entendrait.

19. La preuve de ces hésitations est réelle ; c'est-à-dire qu'elle ne consiste pas en ces prétendus *facsimile* avec lesquels le vice légal des journaux et

l'adresse d'un avocat parviennent à aveugler le jury et à fanatiser des millions de Français, contre le roi de la nécessité et sa famille.

20. Ce mot de nécessité, dans votre bouche, veut dire sans doute que le plus grand citoyen du pays lui a rendu le plus grand service, en consentant à occuper le trône vacant au sein de la tourmente qui pouvait tout emporter.

21. Assurément celui à qui les Députés confièrent, comme au plus capable, la plus belle, mais la plus épineuse de toutes les couronnes, serait parvenu à rétablir le calme, sans le vice légal de la presse, qui avait causé nos agitations pendant sa comédie de quinze ans, et qui les a renforcées partout, depuis son dénouement tragique dans l'impasse où il avait resserré les ministres, en ne cessant de les défier du coup d'état qui a fait verser le plus généreux sang des deux côtés.

22. Après que la colère du *vox populi, vox Dei* fut apaisée, le plus grand peintre des heureux du jour bâcla d'un seul coup de pinceau le portrait satirique de ses collègues et des journalistes, ces premiers instrumens du vice légal de la presse.

23. Si, au lieu d'être à sa terre, le noble vicomte eût été, comme nous, dans la rue, témoin des exploits des bras de fer, il se serait convaincu que le légitimiste qui aurait osé dire qu'il était la moindre des choses pour le duc de Bordeaux, eût reçu mille

morts à l'instant, des enfans les plus consciencieux du vice légal de la presse.

24. Assurément, les fils de Timon, s'il en a, et s'ils connaissaient comme moi les dangers du vice légal de la presse, ne voudraient pas, pour toutes les dotations possibles, que leur père courût les mêmes chances que celui du duc de Nemours.

25. La dotation, qui ne nous aurait coûté annuellement qu'un liard à chacun, a été rejetée par les satires du plus spirituel écrivain de nos jours ; et ce rejet nous a valu quelqu'un qui devait ouvrir la boîte de Pandore, sans que ni l'un ni l'autre s'en doutassent ; car c'est ainsi que nous marchons avec le vice légal de la presse.

26. Pour moi, je le déclare : si , après une révolution, on voulait donner la couronne à celui qui aurait résolu la question la plus utile à l'humanité, et que je fusse celui-là, je la prendrais, cette couronne, mais pour m'en servir, comme d'une certaine mâchoire, contre les Philistins qui viendraient me l'offrir à la condition de régner sous le gouvernement du vice légal de la presse.

27. MM. les conservateurs , Bugeaud et de Lamartine, ont en horreur le journalisme. Ce n'est pas, comme ces honorables députés, vouer les journalistes à l'exécration de la postérité qu'il faut, mais à son admiration, en cherchant, en indiquant le remède au vice légal, qui permet que l'attaque soit

sous les yeux des masses et la défense sous leurs pieds.

28. Est-il un seul individu des masses qui ait lu un journal défenseur relativement aux insertions *contemporaines* de l'Angleterre, par le vice légal de notre presse quotidienne, pour nous replonger dans des embarras inouïs, dus au mépris et à l'erreur des masses et du jury lui-même, pas plus infaillible que d'autres juges et que les masses d'où il sort?

29. Bien préférable aux lois de septembre dont on se plaint, et qui n'ont rien empêché, le moyen projeté aurait évité que le vice légal ne fît de la boue, quand il ne fait pas du sang, et des émeutes les plus absurdes, qui finiront par déshonorer la nation française à l'étranger.

30. Ici, ce n'est pas seulement le chevalier français qui met la main sur la garde de son épée, mais le plus simple artisan qni se sent remué jusque dans le fond des entrailles. Ils maudissent avec horreur ceux qui croiraient pouvoir vivre avec les choses qui produiraient le déshonneur à l'intérieur et à l'extérieur. Personne ne veut donc le vice légal de la presse, la seule cause de tant d'infamies depuis 89.

31. Il ne suffit pas de ne pas vouloir; il ne suffit pas de chercher, de trouver : il faut employer le moyen de détruire le vice légal de la presse, ou se condamner soi-même à mort.

32. Le moyen que je proposais de démontrer à l'un des ministres de 1833, qui daignerait m'entendre, est d'accord avec cette sainte parole de Montesquieu, qui a dit « qu'il n'y avait de lois durables « que celles puisées dans le grand livre de la nature. » La Charte permet ce moyen, l'intérêt personnel des journalistes le veut ; enfin, il ne ressemble à aucun de ceux indiqués jusqu'à ce jour.

33. Il aurait procuré une éducation constitutionnelle égale pour tous par les journaux, afin de ne plus former plusieurs peuples dans le même pays, et que les choses les plus simples d'ordre et de service public ne fussent pas justes pour les uns et injustes pour les autres.

34. Mais je connaissais mon siècle. Je prévoyais que je ne serais pas admis à démontrer la solution ; et, rempli de ce trop juste pressentiment, je disais, dans le dernier alinéa de ma proposition, avec une amertume remarquable :

35. « Si je ne suis pas entendu, c'est que les mi« nistres voudront que je croie, avec la garde na« tionale (passée en revue aujourd'hui par le Roi et « son gendre Léopold), que le journal *la Tribune*, « dans ses exagérations, ne laissant debout aucune « réputation, est l'un des instrumens qui servent à « l'affermissement du trône, de l'État, des lois et « de la religion. »

36. En effet, le lendemain de la distribution de

ma proposition authentique , le procureur-général ,
M. Persil, apparemment pour rassurer les simples
comme moi, disait, dans son discours de rentrée de
la Cour royale , « que les mêmes excès qui avaient
« renversé la branche aînée consolideraient la bran-
« che cadette. »

37. Ce paradoxe monstrueux n'était point de l'indifférence pour les attentats qui , d'après le 4ᵉ alinéa de ma proposition, surviendraient bientôt de la
part des fanatiques prêts à s'écrier : *Arrière, Louvel !*

38. Il est impossible de croire à l'indifférence de
M. Persil pour l'ordre de choses qui l'a fait ce qu'il
est. Et puisque ce n'était pas de l'indifférence, qu'é-
tait-ce donc ? car il n'était pas, plus qu'aucun autre,
dans le secret de la Providence, qui devait faire cre-
ver les fusils dans les mains des assassins du Roi.

39. Le jour où ils frapperont juste, la Providence
se sera lassée de donner ses avertissemens *par les citoyens les plus obscurs.* (6ᵉ alinéa de ma proposition.)
Et alors nous aurons bien mérité d'entendre dire
de nous-mêmes : « que le pire des malheurs est de
« mériter son malheur. » On ne saurait trop le répéter.

40. Dans un autre passage de son même discours,
M. Persil résolvait, pour ainsi dire, toute la question,
en disant avec les 2ᵉ et 3ᵉ alinéas de la proposition :

41. « Pour qu'il y ait unité, force et puissance
« sous le gouvernement représentatif, plusieurs sys-

« tèmes sont nécessaires; mais il faut surtout, pour
« la France, que tous viennent aboutir au même
« centre. Sans cette condition, notre gouvernement
« représentatif serait impossible. »

42. M. Persil s'était convaincu sans doute de cette
vérité par la chute de la république et de l'empire,
qui avaient été absolus pour un seul système, sous
peine d'être guillotiné comme Louis XVI et le père
du Roi, et d'être fusillé, étranglé et ostracisé comme
d'Enghien, Pichegru et Moreau.

43. Je disais, dans le dernier alinéa de ma proposition, que si je n'étais pas entendu sur le moyen de
concilier la liberté illimitée des journaux avec la
conservation de la société, *je ne m'en plaindrais pas.*
On y a compté : on a foi à la probité de ceux qu'on
prend pour des bonnes gens.

44. Toutefois, les bonnes gens de mon espèce ont
soin de constater à l'avance, par des lignes amères,
qu'ils savent parfaitement que, dans la lutte de l'intérêt personnel d'un ministre avec l'intérêt général,
celui-ci succombera toujours, excepté avec vous.

45. Le gendre du ministre a été nommé, et je n'ai
pas été entendu.

46. Le ministre du recensement sera-t-il enfin convaincu que *l'impôt est une question secondaire en
France* (13ᵉ alinéa de ma proposition), et qu'il y a

une autre question à résoudre avant celle du népotisme?

47. Ne serait-il donc donné qu'à des citoyens obscurs de se vouer à la recherche des solutions les plus utiles à la France? et que, si elles sont trouvées, elles dussent être sacrifiées à l'intérêt personnel de fonctionnaires d'une responsabilité collective, où le bien appartient à tous et le mal à personne, pas même les crimes de lèse-société.

48. La question du vice légal de la presse est du domaine de tout le monde. Chacun peut en chercher et trouver la solution, à la manière qu'il croira la plus propre à former une conscience nationale de laquelle dépendent la tranquillité intérieure, le crédit public et privé, les grandes réserves des produits indigènes, pour l'encouragement de la première de toutes les industries, enfin les chemins de fer des grandes lignes, toutes nos prospérités, toutes nos gloires, et même notre nationalité.

49. Voudra-t-on la réforme du vice légal de la presse, ou préfèrera-t-on marcher de ministres en ministres, d'émeutes en émeutes et d'attentats en attentats, pour les juger, jusqu'à ce que mort s'ensuive?

50. M. le ministre de la justice vient, dit-on, de faire insérer dans l'un des journaux défenseurs du gouvernement les lignes ci-après :

51. « Il est évident que certains journaux n'ont
« d'autre but que d'entretenir partout des passions
« qui tardent peu à inspirer le crime. »

52. Les ministres savent donc que c'est dans les
journaux, dévorés par les masses, que le mal est
produit. Sera-ce dans les journaux méprisés par les
masses qu'on croira trouver le remède, ou dans la
censure, ou dans la suppression de la liberté à coups
de saisie, ou dans les jugemens des fanatiques, ou
enfin dans la force matérielle?

53. Tous ces moyens ne feront pas avancer d'un
iota la solution de la question, en instance depuis plus
d'un demi-siècle. Et pourtant il n'en est pas de plus
simple pour qui la connaît : elle est claire comme le
jour à qui elle est due.

54. Tout-à-fait en contradiction avec le bon pas-
teur de l'Évangile, qui abandonne ses quatre-vingt
dix-neuf moutons pour aller à la recherche de la
brebis égarée, les journaux conservateurs, par l'effet
du vice légal de la presse, conservent un bon mou-
ton, et ne courent pas après les quatre-vingt-dix-
neuf autres qui se nourrissent seulement d'ivraie.

55. Ils ne savent pas que, dans une commune de
mille ames, le seul exemplaire du journal la *Presse*
qu'on y reçoit meurt dans les mains du conservateur qui y est abonné, et que le seul exemplaire du
National qu'on y reçoit aussi passe des mains du

maire de la commune et de l'adjoint, dans celles de tous les gardes nationaux qui savent lire.

56. Les conservateurs semblent ignorer ce fait; car ils disent qu'il faudrait désespérer de la raison humaine, si la vérité, si souvent opposée au mensonge, ne finissait pas, tôt ou tard, par l'emporter sur son obstination. Oui, sans doute, ils devront désespérer de la raison des masses, tant qu'il prêcheront pour elles dans le désert, en vertu du vice légal de la presse.

57. Le danger en est visible, et on ne fait rien pour le conjurer. C'est à qui se laissera glisser plus mollement sur la pente, au lieu de s'efforcer de la remonter, ce qui serait le devoir de tous les journalistes conservateurs. Nulle sympathie, aucun concours pour celui qui n'est pas leur collaborateur, et qui veut porter le scalpel dans la plaie sociale.

58. Il semble que celui qui défend les principes conservateurs ne combatte que pour lui personnellement. Ceux qui devraient se presser à ses côtés se tiennent à distance, et se contentent de regarder s'il sera vainqueur ou vaincu dans ce combat d'un seul contre tous.

59. Ah! pardon, j'oubliais. Le concours des conservateurs sera accordé, si même vous n'êtes pas leur collaborateur. Le vice légal peut, si l'on a beaucoup d'argent, leur faire insérer les projets les plus extravagans.

60. C'est ainsi qu'à prix d'or, il fit servir deux grandes colonnes d'un de ces journaux du 21 juillet 1840 à accréditer le projet qui demanderait 250 millions à l'impôt, pour une réserve de blé, tandis que rien ne serait plus facile que de la faire exécuter par l'intérêt personnel, comme l'exprime l'alinéa 113.

61. Se rappellera-t-on que ce même journal conservateur, seulement lu, pour ainsi dire, des hommes d'état et des magistrats, pour ses bons articles de défense, a fait condamner *l'Estafette*, répandue dans les masses, à lui payer quelques centaines de francs, pour avoir répété ses bons articles de défense? Ce fait monstrueux est exact.

62. Et la *Presse* elle-même, autre journal conservateur, dit qu'un si fâcheux état de chose est un symptôme grave. C'est plus, c'est un arrêt de mort. Et nous l'aurons bien mérité, si, vous autres conservateurs, ne vous empressez d'exciter vous-mêmes à la destruction du vice légal de la presse. Ce vice radical vous fait vivre comme individus, mais il épuise la nation, en causant une décadence qui fait dresser les cheveux sur la tête des penseurs qui ont aperçu sa maudite influence et le moyen de la neutraliser.

63. Le 15 octobre, le matin même de l'apparition de Darmès, ou la veille, j'ai lu, dans le journal *le Commerce*, un long article fort bien raisonné au sujet des dangers à mort du vice légal de la presse, et qui met sur la voie de la solution de la manière qu'elle m'a été inspirée.

64. Je pourrais citer l'article du *Constitutionnel* et celui du *Courrier* qui ont aiguisé le poignard de Louvel et bourré le fusil de Darmès, peu de jours avant leur attentat.

65. Est-ce à dire, pour cela, que les rédacteurs du *journal du Pair Etienne* et du *Courrier* aient été cause de ces actes régicides? Si le disais, je mentirais à mon inspiration. Je jure que je ne le pense pas. Je crois en un Dieu vengeur des parjures. Qu'il me punisse, si je fais ici un faux serment! Les journalistes ne sont point coupables.

66. Quelle est donc la cause des crimes politiques? Je le répèterai sans cesse : c'est le vice légal de la presse. Et la tête d'un régicide n'est pas une solution. C'est ce que j'écrivais à M. le président de la cour des Pairs, alors qu'allait s'ouvrir le procès Darmès, *en attendant un autre, disais-je.*

67. Ma lettre à M. le baron Pasquier fut mon inspiration la plus courageuse et la meilleure, pour entraîner de suite tous les législateurs à la réforme du vice légal de la presse.

68. Je vois bien des citoyens, des masses qui, avec leur journal en main, ont autant d'inspiration pour le bien public qu'il y a de jours dans l'année. Moi, dans tout le cours de ma longue vie, je n'en ai eu que cinq, dont quatre purement politiques, y compris le moyen de remédier au vice légal de la presse, et une purement économique, celle pour élever la richesse réelle de la France à son plus haut degré.

69. Mes cinq inspirations sont en instance. J'y ai foi, et j'agis résolument, selon ce que je pense, en laissant aux beaux diseurs la responsabilité de l'inaction, surtout celle contre le vice légal de la presse.

70. Je crois, avec Washington et son biographe *français*, que la plus belle gloire est à l'homme qui se résigne au malheur de ses insuccès pour le bien général, qui ne se tue pas (1) et se confie à la vérité, malgré le vice légal de la presse.

71. Quand je dirai que je ne crois pas au bien, ce sera l'effet de la colère et de l'indignation, parce que je ne suis pas un ange. Mais, redevenu calme, je croirai toujours à cette Providence dont je vois chaque jour une preuve matérielle pour moi-même. Et n'est-ce pas elle aussi qui me donne à moi, pygmée, la force de combattre seul le géant qui fait écrouler les trônes?

------

(1) « Si l'on veut savoir pourquoi je me donne la mort, en « voici la raison : Dans l'état actuel de la société, pour le travail- « leur, plus il est personnel, plus il est heureux ; s'il aime sa fa- « mille et veut son bien-être, il éprouve mille souffrances ; mais « s'il aime sincèrement la société et ses semblables, il doit finir « comme moi. »   BOYER.

Le journal le *National*, du 20 octobre 1841, a rapporté ces dernières paroles écrites par Boyer en s'asphyxiant. Celui-là, le meilleur parmi les hommes nouveaux, n'était pas né, comme moi, dans le temps où il n'y avait pas de honte à croire à quelque chose au dessus du mauvais vouloir de ses semblables, pour le bonheur des sociétés Si le présent écrit peut avoir des ache- teurs, ce sera au profit de la malheureuse famille de Boyer.

72. Ma première bonne inspiration fut dans ma retraite de Russie, où je venais de voir périr plusieurs cent mille Français, compris trois de mes frères. J'écrivais de Vilna, à M. Moreau à Dantzik, où j'avais été receveur général : « Tout est perdu. La France « ne peut plus être sauvée, à moins qu'il n'existe en-« core un Bourbon pour réclamer l'héritage de ses « pères (1). Une volonté au dessus de Napoléon nous « combat et nous éclaire. »

73. On dit que j'avais alors le transport au cerveau. Il paraît qu'on peut exister long-temps avec cette indisposition ; car elle ne m'a plus quitté. C'est pourquoi, moi, qui vivais avec les masses, et qui voyais de quelle manière le vice légal de la presse travaillait nos officiers à demi-solde, je ne discontinuai pas mes sacrifices, dès 1814, pour faire amender la loi sous la branche aînée.

74. Quant à la cadette, on vient de voir que j'ai fait aussi tout ce qui était possible, pour détruire le vice légal de la presse, qui fut mortel à la branche aînée. Le rédacteur en chef du *Journal des Débats*, qui a, non le philosophisme, mais la philosophie des *discussions* économiques, avait vu avec peine, ainsi que des personnes du château, que le gendre du ministre eût été nommé sans que j'eusse été entendu.

______

(1) Loin de prétendre que mes amis, mes frères et mes fils aient les mêmes sentimens politiques que les miens, je serais étonné qu'ils ne comprissent pas notre société telle que la leur fait comprendre le journal de leur prédilection. Je leur demande pour mes sentimens autant d'indulgence que j'ai de respect pour leurs opinions.

75. Ce publiciste disait que, faute d'avoir été entendu sur le moyen que j'avais proposé de démontrer, je retirerais probablement ma proposition pour le moment, parce que, pour ne pas compromettre des personnes alors en place, on serait obligé de juger inadmissible le moyen, fût-il descendu du ciel directement.

76. Ce consciencieux publiciste voulut, à l'occasion des coalitions alors d'ouvriers et d'une grande fermentation dans les esprits, donner à penser pour l'avenir au secrétaire général, qui avait retenu ma proposition dans ses mains, à l'insu du ministre. Voici ce que, six jours après la nomination du gendre, M. Bertin l'aîné faisait insérer dans sa feuille du 30 novembre 1833 :

77. « Le principe de vie de notre société est d'autant plus fort qu'il est le mieux compris. Ce principe de vie, c'est l'égal accès de tout le monde à la fortune, aux emplois et aux honneurs ; c'est la libre carrière donnée au travail, au talent et à la bonne conduite ; c'est la rétribution accordée à chacun selon ses œuvres et ses mœurs, sans que cette rétribution dépende du hasard, de l'intrigue et de la faveur. Tout est à tous ; le travail et le mérite seuls font les parts. Voilà le principe de notre société ; voilà ce qui la soutient dans les crises qu'elle éprouve. »

78. Aussitôt après cette admonition, dont prit acte *le National* du 3 décembre, je reçus du secrétaire

général une nouvelle invitation de me rendre auprès de lui, dès que je le désirerais. J'en avais déjà reçu une semblable le 24 novembre, le jour même que la partie officielle du *Moniteur* renfermait la nomination du gendre. Je ne pouvais me rendre à ces invitations désormais sans objet. Je me bornai à répondre que son ministre verserait des larmes bien amères, s'il arrivait quelque attentat.

Fieschi est apparu !

79. Après cet assassinat, j'ai fait imprimer une lettre aux présidens des deux Chambres, où je leur disais : « Gardez-vous d'en douter : le vice « légal de la presse enfantera bientôt un ultra-Fies- « chi. » En effet, celui-ci tirait comme caché dans un maki ou derrière un rocher, au lieu que l'autre tirait à bout portant, sans se ménager aucune retraite.

80. Mais brisons là. Point de récrimination, puisque ni le Roi ni ses fils n'ont été atteints que par les éclaboussures du sang et des cervelles de braves gens assassinés à leurs côtés.

81. Rien de plus ordinaire que la vengeance, fille de l'orgueil, dont nous sommes tous pétris plus ou moins, suivant les pays où nous sommes nés.

82. La vengeance serait absurde, quand l'orgueil peut être satisfait, surtout celui qu'inspire l'amour de la patrie.

83. Personne, plus que vous, n'est imprégné de cet orgueil-là. Je le dis, parce que je le crois.

84. Et moi, quoique j'aie sucé le lait d'une Corse
de la montagne, je ne faillirai point aux principes
français que j'ai sucés aussi pendant 12 ans, dans
l'institution de M. Jouin, à Paris, où j'ai été le condis-
ciple du pair Bertin.

85. Ainsi, méprisant la vengeance aussi bien que
la recette générale, par cet orgueil et cet amour de
la France que vous comprenez le mieux, je persiste
à donner, comme elle m'a été inspirée, la solution de
la liberté illimitée des journalistes, à une condition
conservatrice de la société.

86 Cette condition découle du principe éternel
qui veut que nul n'ait des droits contraires à la conservation de la société, dont il fait partie.

87. Elle décuplera d'ailleurs le revenu des journalistes de deux manières : d'abord, par la diminu-
tion des neuf dixièmes des frais ; ensuite, par un
nombre dix fois plus élevé d'abonnés, parce que la
presse quotidienne, désormais, sera moins chère,
moins ennuyeuse, plus libre, plus énergique, et
égale pour tous.

88. Mais, pour la solution la plus complète de la
question par la réunion de toutes les lumières, et,
afin que le travail et l'application de tous à sa recherche équivaillent, pour ainsi dire, à la solution même,
il faut répéter bien haut, avec le 1er alinéa de ma
proposition de 1833, et avec l'article cité des *Débats :*

89. « Une grande occasion se présente de prouver

« à toute la jeunesse de France et à l'universalité des
« travailleurs que, sous la république dont on les
« berce, le mérite, quelque part qu'il fût, ne pour-
« rait être mieux récompensé que sous le gouverne-
« ment actuel. »

90. En conséquence, la solution qui sera jugée la
meilleure par une Commission du gouvernement sera
l'objet d'un prix digne d'une ausssi grave question.

91. Je déclare, à l'avance, renoncer à ce prix, si
je le gagnais. Je le donnerais, avec bonheur, à une
école modèle et pratique existante, et que je crois la
plus utile aujourd'hui, relativement à l'encombre-
ment de la population.

92. La première note, au bas de ma proposition ci-
jointe de 1833, fait mention d'un prix de cinquante
mille francs, qui aurait été donné par un seul homme,
riche, il est vrai ; mais le gouvernement ne pourrait
en offrir un moindre d'un million, qui serait payé
par le ministre des finances le jour même du jugement de la Commission, c'est-à-dire que le moyen
fût mis ou non en loi (5e alinéa de la proposition.)

93. Vous avez tout le mérite et le patriotisme qu'il
faut pour décider vos collègues à ce que le gouvernement fasse connaître au plus tôt la question à résoudre, et le prix qui sera adjugé par des membres
des deux Chambres et de la magistrature, dont les
noms resteront inconnus du public.

94. En faisant cette chose, où le plus grand bien

de l'humanité vous convie, vous aurez profité de votre nouvelle présence aux affaires pour mettre le pays dans la voie de son salut.

95. Quel est l'homme d'état qui sera appelé à une aussi sainte mission, si ce n'est celui qui manquait au Roi, comme ministre, pour l'aider à noyer le traité d'isolement dans le traité d'alliance, pour l'honneur national ?

L'un de vos plus sincères admirateurs,

CORRADI COLLIÈRE, de Bonifacio,

Ancien receveur-général des finances des provinces de Fuld, d'Erfurt, de la Prusse occidentale, et chargé ensuite de frapper et répartir un impôt de dix millions de francs sur la ville de Francfort.

MES DERNIERS MOTS.

En date de tous les dimanches, jusqu'à
celui du 12 décembre.

96. Le dernier alinéa est moins un éloge qu'un sentiment, un besoin de croire à l'amour de la patrie dans l'homme d'état, surtout dans celui que nous ne connaissons tous que par les morsures empoisonnées du vice légal de la presse.

97. Si ce sentiment était taxé de flatterie intéressée, parce que M. Guizot est ministre, je répondrais que jamais je ne lui demanderai rien ; que, d'ailleurs, le vice légal nous apprend que ce ministre va avoir fait son relai. Et pour l'y faire arriver plus tôt, entendit-on jamais de plus violens coups de fouet ?

98. Car quel autre nom donner à ces articles tout faits envoyés aux journaux anglais, où M. Guizot est glorifié aux dépens de ses collègues et du Roi, articles qui repassent bientôt le détroit pour être commentés par le vice légal, comme l'a été la Contemporaine.

99. Si j'avais été ministre, et que je voulusse le re-

devenir à tout prix, je ne verrais pas de meilleur moyen que ces voyages d'articles pour faire tomber M. Guizot. Il tombera : le vice légal sera inexorable pour lui, comme il l'a été pour MM. Broglie, Molé, Dufaure et Passy.

100. M. de Broglie, au lieu de rester sur la brèche avec son mérite distingué, s'est retiré, par un faux orgueil, en face du vice légal qui lui faisait refuser la légitime indemnité qu'il demandait pour les Américains nous promettant de leur côté des avantages commerciaux.

101. M. Molé a été démoli, à la Chambre des Pairs, par le même M. de Broglie, et, à la Chambre des Députés, par le vice légal qui faisait dire qu'il ne couvrait pas suffisamment la couronne.

102. La majorité étant impossible aux minorités dans la Chambre des Députés, le vice légal souffla l'émeute; le provisoire du bien disparut, et la France a entendu ces mots de la sublime douleur de son ambassadeur : « J'ai dit et redit ce que vous « m'avez dit de dire, et l'on ne m'a pas cru!!! »

103. Héritier de l'ancienne loyauté française, M. Molé jouissait d'une grande considération à l'étranger ; il aurait obtenu sans effort, pour la France, ce que d'autres, désormais, tenteront vainement d'obtenir par la force : car là où il n'y a pas d'union, il n'y a ni puissance ni force. Ainsi le veut le vice légal, qui secoue ses brandons sur la grande nation, et 'enchaîne à ses pieds.

104. Quant à M. Thiers, il n'est pas tombé par le défaut de la guerre continentale et maritime où l'on aurait vu de nouveau les hommes s'entr'é-gorger, et le fruit de toutes les sueurs , de toutes les veilles et de toutes les privations s'abîmer dans le fond des mers, ou semé sur des routes glacées, comme nous l'avons vu de nos propres yeux en Russie; non, ce n'est pas à l'absence du plus honteux fléau que M. Thiers doit sa chute, mais au coup de fusil de Darmès, cet autre fils consciencieux du vice légal des journaux, les premiers aides-de-camp de l'ex-président.

105. Je ferai l'hommage aux deux Chambres de 750 exemplaires de la présente lettre contre le vice légal de la presse, qu'elles ont la puissance de détruire.

106. Messieurs les Pairs sont réunis en ce moment, moins pour condamner à mort Quénisset , que pour tâcher de découvrir ses complices, dont le véritable est le vice de la législation sur la presse.

107. Ils reconnaîtront, dans leur sagesse, avant d'envoyer Quénisset devant le Juge des juges , que jamais rien n'aura procuré une plus forte défense, par atténuation, que le vice légal de la presse.

108. Ma lettre dénonciatrice à M. Guizot était datée de la veille de Quénisset, je le jure. Je n'avais pas besoin d'attendre cette nouvelle preuve du danger à mort du vice légal des journaux, pour le Roi et sa famille : elle était tracée dans le 19ᵉ alinéa.

109. Quiconque aura eu assez de persévérance
pour lire entièrement la présente lettre se dira : cet
homme veut la destruction du vice légal de la presse,
pour la conservation de notre société. Nous la vou-
lons tous aussi, cette conservation ; mais il n'est pas
un seul de nous qui ne veuille encore autre chose,
parce que le Créateur a mis, dans le cœur de tous
les hommes, le désir de leur bien-être personnel.

110. Que veut-il donc encore, le Corse orgueilleux
qui, pour son sempiternel vice de la presse, foule aux
pieds la recette générale, le prix d'un million, et,
chose la plus incroyable! qui méprise la vengeance?

111. Ce qu'il veut encore? Vous le demandez : je
vais vous le dire. Celui qui fut le contrôleur central
du trésor et le plus estimé dans la haute finance, le
chevalier Petit, m'a autorisé à publier sa lettre où il
affirme que j'ai résolu, depuis 1829, le problème
d'une banque d'agriculture, pour élever la richesse
réelle de la France à son plus haut degré, par des
travaux incessans et bien rétribués pour tous. Mais
les grandes choses utiles sont-elles possibles, avec le
vice légal de la presse?

112. S'il en était autrrement, je demanderais que
le ministre des finances fît rendre l'ordonnance dont
j'ai donné le texte en huit lignes, à la page 17 de l'o-
puscule distribué, le 24 juillet 1829, à la Chambre
des Pairs, pour la solution de la question proposée en
faveur de l'agriculture, par la société du département de la Marne, et comme l'avait comprise aussi
M. le chevalier Petit.

113. L'ordonnance dont il s'agit faciliterait le mouvement d'une banque d'agriculture qui procurerait au gouvernement tous les fonds nécessaires pour l'exécution des réserves de blé indigène et des grandes lignes de chemin de fer, par un mode qui ne serait ni l'entreprise, ni la régie simple, ni la régie intéressée, ni la direction générale des ponts et chaussées, mais qui participerait de ces quatre systèmes, avec l'addition de *deux* mots : Une préposition et un substantif. (Voir la page 10 de mon opuscule distribué à MM. les Pairs, en juillet 1840.)

114. Qu'ils soient maudits par les peuples et les rois, les hommes payés pour faire le bien, et qui, pour ne rien examiner, taxent tout d'utopie, comme ceux qui ont fait accroire à Napoléon que Fulton était un rêveur! Sans cela, au lieu d'aller à Sainte-Hélène, il eût été à Londres ; les Anglais ne seraient pas venus à Paris ; et leurs douaniers, dans leur *victoire*, n'effaceraient pas ces mots d'un roi de France : « Il n'y « a plus de Pyrénées. »

115. Assurément, le satirique pensionnaire de ce roi libéral et superbe ne se serait jamais imaginé que la France et l'Espagne auraient chacune une écaille de son huître avalée par l'oligarchie, grace à notre petit dieu Mars créé et mis au monde par le vice légal de la presse.

116. On pourrait prouver que l'addition des deux mots, *une préposition* et *un substantif*, complète le système qui a été jugé par une commission du gou-

vernement, le meilleur de tous, à l'occasion d'une dépense variable de 30 à 40 millions de francs par an.

117. Ce système encore vierge a été ajourné, non pour des motifs politiques, comme on l'avait dit, mais par l'unique influence des Robert-Macaire d'alors, auprès des salariés de second ordre, parce qu'il coupait court aux abus et aux fortunes scandaleuses aux dépens du trésor.

118. Il est des nouveaux nobles qui oublient déjà qu'une révolution s'est faite, et qui s'entêtent à ne pas vouloir comprendre toute la richesse que recèle dans son sein la France démocratique. Elle ne reculera pas plus que le torrent vers sa source; et les Français peuvent être aussi heureux que le sont les autres peuples du continent sous leurs antiques lois et excellens princes absolus, pour le bien.

119. Citons un fait entre mille. Une banque d'agriculture avait été voulue à Varsovie, par l'empereur de Russie, comme le veut un czar ; et son papier était déjà pris en paiement de l'impôt, sous l'empereur Nicolas, qui allait élever à leur apogée le crédit et la richesse réelle de cette partie de la Pologne, sans son insurrection de 1830, qui a tout détruit.

120. Oui, la France démocratique peut redevenir encore l'avant-garde de la civilisation du monde. Mais il ne faut plus différer le vote des deux

lois que réclame cette France démocratique, pour sa tranquillité intérieure et sa richesse réelle par la prospérité de son agriculture.

121. Si, en attendant ce vote, le ministre des finances veut contre-signer l'ordonnance dont il s'agit à l'alinéa 112, le 5 p. 0/0 s'élèvera à 250 francs, le 3, à 150, et le 4 restera stationnaire. J'en ferais le pari de ma tête contre un cheveu de celle de M. Thiers qui veut la réduction forcée des 5 p. 0/0, mais à la condition que ce cheveu lui serait arraché par la main du bourreau.

122. Un exemplaire de la lettre de l'ancien contrô-leur central du trésor, où il affirme la solution de la question, a été envoyé, le 19 août dernier, par mon im-primeur, à tous les Conseils généraux des départemens sous le couvert de MM. les préfets. Eh bien! que pro-duira cette communication ? Rien, absolument rien, sous l'empire du vice légal de la presse, où la France elle-même, je le répète, deviendra une question.

123. L'orgueilleux Corse veut donc, avant tout, la destruction du vice légal de la presse;

124. Qui fait accroire aux uns que l'honneur et le bien public sont à droite, et aux autres que c'est à gauche, tandis qu'ils sont partout;

125. Qui fera qu'avec lui il n'y aura de stable que l'instabilité;

126. Qui dit que l'État est une grande ferme que MM. Guizot, Humann, Martin (du Nord) et consorts exploitent pour leur avantage particulier (*Courrier du 12 novembre*) ;

127. Qui fait dire par son fils aîné, le *Constitution-nel* du 13 octobre, à ses abonnés, qui le croient comme l'Évangile, et ne le croiraient plus si l'on voulait : « M. Guizot veut des factions et du désordre « pour faire sentir son utilité, et se maintenir au « ministère ; »

128. Qui fait dire par le jury au *National* qui lui déclare avoir voulu offenser le Roi et non les ministres : « Vous avez violé la loi ; vous vous en vantez ; « allez en paix, et recommencez quand il vous « plaira ; »

129. Qui a mis sur le haut de la scène politique des personnes auxquelles il fait soutenir, avec la plus grande éloquence, devant l'élite assemblée de la nation, que des hommes qui suent eux-mêmes leurs cinq ou six cents francs de rentes hypothéquées uniquement sur l'honneur national, pour élever leur famille, ne sont point des contribuables : comme si quelqu'un qui respire pouvait ne pas l'être !

130. Qui a fait dire, par l'un de ses enfans les plus gâtés, aux premières têtes du royaume : « Vous ne « voulez pas réduire le revenu des propriétaires de

« rentes sur l'État ; eh bien ! je vous apprendrai, l'an-
« née prochaine, comme on gouverne. »

131. Celui-là, trompé par un plus fin que lui, est
cause qu'on vide toutes les caisses publiques, qu'on
emploie toutes les réserves et tous les moyens de
grossir l'impôt par le recensement : enfin, qu'on em-
prunte. Et pourquoi ? pour faire des dépenses im-
productives, et entretenir une armée destinée à
maintenir les masses agitées par le vice légal de la
presse, d'où est sorti le trompé.

132. Il a dit à la tribune des Députés qu'il n'y
avait pas de meilleur remède au vice légal de la
presse que le *statu quo*. Ainsi, d'après lui, nous de-
vrions vivre avec les émeutes et les attentats, jusqu'à
ce que la France fût rayée du nombre des nations.

133. Car, si le vice légal des journaux de l'ancienne
noblesse prêche le vote universel, où l'on n'arrivera
que par une catastrophe, le vice légal des journaux
démocrates la veut, cette catastrophe, en ne cessant de
pénétrer les masses de ce que ce sont elles seules qui
supportent tout l'impôt ; que, s'il est plus élevé, leurs
veilles sont plus longues, sous peine de ne pas vivre ;
que, si le propriétaire ne reportait son impôt sur ce
qu'il vend ou ce qu'il loue, il ne serait bientôt plus
propriétaire.

134. Ainsi, sans être prophète, on peut prédire ce

que prépare à la France le vice légal de la presse, par son triomphe pour le vote universel : une nouvelle catastrophe assez sérieuse, cette fois, pour mettre le territoire à la merci des étrangers, à moins que ceux-ci ne laissent les Français se débattre entre eux.

135. Dans ce cas, le vote universel finirait peut-être par produire un miracle qui étonnerait le monde entier : c'est-à-dire que les travailleurs des deux sexes qui ne pourraient plus travailler, pour cause d'accident, ou d'infirmité, ou de l'âge, seraient traités, dans tous les départemens, comme dans la maison des invalides à Paris.

136. « Les ouvriers, dit *la Presse* du 28 novem-
« bre, après avoir épuisé leurs forces au service de
« la société, se trouvent voués à la misère ou à la
« mendicité. Il faut affranchir les classes laborieu-
« ses de cette infamie qui rejaillit sur les gouver-
« nans. Il faut organiser le travail. »

137. Je crois bien que le Créateur a mis en nous le sentiment du progrès indéfini. Mais je ne crois pas cependant qu'il veuille, sur la terre, le bonheur anticipé de la vie éternelle. Sans cela, je dirais : Béni soit le vice légal de la presse, qui produira le vote universel, et celui-ci le commencement des félicités éternelles.

Ainsi soit-il.

RAPPORT DE M. LE PAIR COMTE BASTARD.

Sous l'autorité de ce rapport, les journaux libé-
raux, *le Constitutionnel*, *le Courrier français* et *le
Siècle*, disent « que ces horribles tentatives, qui
« menacent le roi et sa famille, atteignent le pays à
« la fois dans son repos, dans son honneur et dans
« sa liberté. » Ce peu de mots renferment tout mon
écrit. Ce que c'est que le talent! Ces journaux disent
encore que « les classes inférieures ne seront bien-
« tôt plus que des bandes de bohémiens. » A qui la
faute, si ce n'est au vice légal de la presse? Et pre-
nez-y garde! ces classes inférieures ne sont-elles pas
les bras de fer, dits les pattes sales, qui ont rétabli le
règne des lois en juillet? Quand vous avez refusé votre
concours moins à des actes qu'à des noms (ou à rien,
comme naguère à M. Molé), vous n'aviez point d'armes.
Ce sont les bras nus qui vous en ont servi. Et, depuis
lors, le vice légal ne cesse de leur pétrir l'esprit qu'ils
n'ont pris leur course sur les bouches à feu qu'afin
que, rétablis dans vos cabinets et sur vos siéges par
leur généreux sang, vous vous occupiez de leurs intérêts matériels. Il semblerait qu'enfin la lumière
nous arrive, en lisant dans les mêmes journaux libé-
raux : « Si vous ne voulez laisser tomber un regard
« de pitié sur les classes inférieures , elles iront se

« pervertissant et se dégradant tous les jours. Il est
« plus que temps d'y apporter un remède. » Indi-
quez-le donc, pour qu'il ne soit pas démoli par vous-
mêmes le lendemain.

Quénisset n'était pas même un fanatique. Il avait
foi seulement aux journaux qui traînent le gouvernement dans la boue ; et il ne savait pas s'il aurait de
l'ouvrage le lendemain. Ces deux choses, communes
aux masses de travailleurs, le législateur et l'homme
d'état peuvent désormais les leur éviter, conformément aux alinéas 90 et de 111 à 121. « Il faut se hâter
« de mettre un terme à la lutte de tous les instans
« entre la probité et les inspirations sauvages de la
« faim, » dit le journal constitutionnel *la Presse*, du
28 novembre.

Ce meilleur des journaux conservateurs dit, sous
l'autorité du même rapport : « Quénisset a déclaré
« s'être perdu en entendant la lecture des journaux
« de l'opposition. Il a eu tort ; il se repent. Mais il n'a
« trouvé personne pour le détourner de la voie dans
« laquelle il s'est perdu. Le mal, c'est le châtiment
« d'un *égoïsme universel*. Punissez donc ce malheu-
« reux qui n'a trouvé personne pour lui donner un bon
« conseil, quand il était entouré de tant de gens qui
« le poussaient au crime par la persuasion et la ter-
« reur. » Honneur au publiciste ! Son langage ira au
cœur des princes français, pour demander la grace
de celui qui tira sur eux.

LES PLAIDOYERS

Devant la Cour des Pairs.

> Ce n'est pas la presse, mais le vice légal
> de son institution, qui tue les rois.

Les défenseurs et l'accusateur public diront, comme moi, les dangers à mort de la presse pour la société. Mais, pour arriver au moyen d'y remédier, il restera, entre leurs noms et le mien, la distance du diamètre de la terre Ils accuseront les journalistes et les sociétés secrètes ; et moi, je n'accuserai que le vice de la loi.

Ce testament politique, signé le 12 décembre, ne sera publié qu'après tous les plaidoyers, pour laisser à qui de droit le mérite de l'idée de la demande en grace pour tous, j'en excepte le complice de la plus noble origine : le monstrueux vice légal de la presse quotidienne.

IL PIU GRAND'UOMO.

Uno de' miei compatriotti non ha guari mi diceva : — Oh tu che ti occupi di economia politica ; tu nato in Corsica, sai che prediceva al nostro paese Gian-Giacomo Rousseau ? — No ; io non lessi gli scritti di quel filosofo singolare che ha fatto al pubblico delle confessioni cui niuno domandava. — Ebbene ! Rousseau ha detto, che quell'isola dato avrebbe la luce ad'un uomo che il mondo intero sorprenderebbe.—Si puo bensì sorprendere il mondo in varie guise. Fieschi, che sperò distruggere con un colpo solo un' intera dinastìa, era un Corso. Quegli che a' nostri giorni fece perire per ambizione un numero infinito d'uomini era pure un Corso. Se dunque Rousseau dir volle che da quell'isola escir debbe quegli che renderà all'unanimità il più segnalato servigio, quest'uomo è ancora nell'avvenire,

A parer mio, e per quanto ho visto e quanto io veggo in oggi, il più grand'uomo sarà non un solo uomo ma bensì due; quegli cioè che avrà avuto il merito di persuadere, ed il mortale ricco e coraggioso che si sarà lasciato indurre a fare un saggio d'un *fallanstero* vasto, d'una lega quadra, per mille cinquecento persone; e questo saggio sarà il primo *rail* delle società *fallansterienne* che legheranno i due poli pella più gran felicità del genere umano.

A MADAME A*** NÉE B***.

O tu donna la più rispettabile agli occhj miei del bel suolo di Francia che tu mesci nelle tue orazioni coi tuoi figliuoli e col tuo sposo, se tu approvi questo frutto delle veglie dell'intera mia vita, colui che legge in tutti i cuori vede ciò che dover essere la mia più cara ricompensa quaggiù. Pieno d'una santa ammirazione per le tre virtù che ti fregiano, la Fede, la Speranza et la Carità, io mi prosterno a tuoi piedi.

ANTOINE.

A MONSIEUR H***,

L'UN DES JUGES DE QUÉNISSET.

> La patience est la
> vertu de l'espérance.

Le 21 novembre 1841.

Votre ex-secrétaire, pour avoir voulu obliger votre gendre, éprouvera probablement quelque désagrément à l'occasion du dernier attentat, et pour tous ceux qui ont eu lieu depuis ma proposition authentique ci-jointe, du 3 novembre 1833.

Il n'y a que nous deux qui puissions éviter à votre ex-secrétaire une contrariété qui, par le temps perdu en accusation et en disculpation, serait plus nuisible que favorable à l'intérêt général.

C'est pour cette raison que je viens vous prier de m'entendre un instant, pour vous donner la preuve que vous seul pouvez faire le bien.

Car, pour moi, entouré aujourd'hui de morts dans ma famille, et mourant moi-même à la peine, je me sens incapable de rien changer à mon testament. Vous seul pouvez en ôter le mal et y laisser le bien.

Il n'y a que les fous qui ne croient pas se tromper. Il est donc possible qu'il n'y ait pas lieu à s'effrayer au sujet de votre ex-secrétaire.

J'attendrai votre réponse jusqu'à la fin du mois.

Et, quoi qu'il arrive, vous entendrez dire un jour de moi, je l'espère, quand je ne serai plus de ce monde : *cet homme-là avait de bonnes intentions.*

Votre respectueux serviteur,

Corradi COLLIÈRE, de Bonifacio,

Ex-Agent principal des finances.

Le 12 décembre.

Je n'ai pas reçu de réponse ; je m'y attendais. Mais je n'ai pas voulu avoir rien à me reprocher à ce dernier moment de la vie où l'on est si heureux de pardonner, pour être pardonné soi-même.

O misérable orgueil ! on a bien raison de te nommer le péché originel. Il a été le commencement ; il sera la fin : je ne le sens que trop pour moi-même. J'avoue à ma honte que tout le bonheur possible du genre humain ne me ferait peut-être pas autant de plaisir que de voir punir ceux qui ne l'ont pas voulu faire. Oh ! je suis bien de la montagne de mon pays ! Pardonnez-moi, grand Dieu ! pardonnez-moi, je vous en supplie ; ne me laissez pas cet abominable esprit de vengeance. Oh oui ! daignez me l'ôter, si je l'ai eu ; car je vaudrais encore moins que des salariés se souciant fort peu de laisser engendrer des fanatiques, qui, en tirant sur le Roi et sa famille, croient faire le salut de la France.